Josué Takotué

Multimilliardaire - une femme d'exception

Josué Takotué

Multimilliardaire - une femme d'exception

Justine NKONTCHOU

Éditions Muse

Imprint
Any brand names and product names mentioned in this book are subject to trademark, brand or patent protection and are trademarks or registered trademarks of their respective holders. The use of brand names, product names, common names, trade names, product descriptions etc. even without a particular marking in this work is in no way to be construed to mean that such names may be regarded as unrestricted in respect of trademark and brand protection legislation and could thus be used by anyone.

Cover image: www.ingimage.com

Publisher:
Éditions Muse
is a trademark of
International Book Market Service Ltd., member of OmniScriptum Publishing Group
17 Meldrum Street, Beau Bassin 71504, Mauritius

Printed at: see last page
ISBN: 978-620-2-29343-3

UNE DYNAMIQUE ENTREPRENEURIALE FEMININE

Justine DJODJI

épouse de Joseph NKONTCHOU

FONDATRICE :

- Groupe scolaire International,
- Collège International,
- Ecole Normale des Instituteurs de l'Enseignement Général,

« LA GAIETE » Yaoundé – Cameroun.

TOME I

Un entretien réalisé par Josué TAKOTUE

DEDICACES

« A (Joseph, Alain, Gisèle, Cyrile,

Caline, William, Mireille et Stéphane)

NKONTCHOU »

SOMMAIRE

INTRODUCTION

Le monde vit une véritable crise morale, éthique et économique. Les politologues, les sotuelles et religieuses n'ont pu arriver au sommet et s'illustrer comme des références que parce qu'elles sont porteuses de valeurs essentielles, susceptibles de servir d'exemple aux jeunes qui pour l'essentiel n'ont plus de repères ou pas assez.

Nous sommes convaincus que la vie de tout leader est riche d'enseignement et chacun peut s'en inspirer pour construire lui-même ses propres victoires. Nous avons besoin pour nous propulser vers les cimes, de ressorts solides fondés sur des valeurs de travail, d'engagement, d'honnêteté, de courage et de probité.

Celle qui retient notre attention aujourd'hui peut prétendre à juste raison être dépositaire de ces valeurs. Il s'agit de Madame Justine NKONTCHOU, Fondatrice du Groupe Scolaire et Collège International « la Gaieté ».

Derrière chaque grande femme se cache un grand homme, Joseph NKONTCHOU est un ancien diplômé de l'Ecole Nationale d'Administration qui bien qu'aujourd'hui fonctionnaire retraité, aura roulé sa bosse à l'Administration centrale puis à l'Ambassade du Cameroun à Paris, puis il est revenu terminer sa riche carrière à l'Administration Centrale à Yaoundé, personne compétente, humble, efficace, effacée, mais surtout bon père de famille et chrétien. De son expérience et de sa longue carrière de diplomate, il regarde d'un œil avisé cette réussite entrepreneuriale de son épouse qui est aussi la sienne.

En tout cas parler de cette femme d'exception tout simplement à cause de son œuvre titanesque serait insuffisant, puisqu'elle est aussi humaniste, humanisant et bienfaitrice. En effet quel est le plus grand, le plus beau, le plus propre et le plus enviable des institutions primaires et secondaires de la ville de Yaoundé ?

Sans réfléchir, chacun dira : le Groupe Scolaire et le Collège International de « la Gaieté ».

N'oublions pas aussi de mentionner l'une des dernières trouvailles de Madame NKONTCHOU, il s'agit de l'Ecole Normale Privée des Instituteurs de l'Enseignement Général qui y a cours depuis quelques années en module cours du soir.

A « la Gaieté » l'environnement de travail est propice et le succès des élèves est également au rendez-vous.

C'est la raison pour laquelle depuis une dizaine d'année des hommes importants de notre pays font confiance à cette Institution en lui confiant ce qu'ils ont de plus précieux au monde : leurs enfants.

Il n'y a qu'à voir chaque matin, la quantité et la qualité des grosses voitures (plaques vertes ou rouges) qui y font escale pour déposer leurs progénitures.

Montherlant de célèbre mémoire disait : « il n'y a pas de plus grande preuve d'intelligence que d'être bien dans sa peau ». Madame la Fondatrice est toujours bien mise, il est question en effet d'avoir une tenue saine, dans un corps sain et un esprit sain. Chacun devrait savoir que la propreté et la présentation physique sont primordiales quand on inculpe une éducation aux autres.

Le Général Foch, célèbre homme militaire français du 19ème siècle aimait demander avant toute chose : « de quoi s'agit-il ? ».

Pour répondre à cette question par rapport à cet ouvrage nous dirions ceci : réussir hier comme aujourd'hui n'est pas évident.

Comment ne pas être ému lorsque la femme associe sa stabilité affective avec le mariage et surtout avec les enfants et aussi sa stabilité professionnelle avec au passage le succès scolaire et universitaire.

Il sera question pour nous de voyager au cœur d'une femme dynamique. (Sa naissance, sa vie familiale, associative, religieuse et professionnelle) de façon plus ou moins ordonnée, de manière à donner à chaque jeune fille ou à chaque jeune garçon de trouver l'indice essentiel et indispensable qui lui permettra de trouver son chemin de succès dans un monde hyper compétitif où sur le chemin de la réussite, il y a beaucoup d'appelés et très peu d'élus.

Mais avant toute chose n'oublions pas de mentionner qu'elle est d'une énergie débordante, qu'elle est très organisée et très méthodique, elle ne bavarde pas beaucoup si non par monosyllabe et chaque mot qu'elle prononce est très important. En un mot, elle est la matérialisation concrète et vivante d'une gestion réussie et calme.

Et comment oublier la chrétienne dévouée qui se remet tous les jours en question et au Seigneur Jésus Christ.

On est toujours très ému lorsqu'on a en face de soi un dirigeant qui croie en Dieu et qui s'en remet tous les jours.

CHAPITRE I : SITUATION GEOGRAPHIQUE

Elle voit le jour à Baham aujourd'hui département du haut plateau. C'est un sous ensemble du pays Bamiléké.

Le pays Bamiléké est situé entre le 4° et 6° de latitude Nord ; le 9° et le 10° de longitude Est. Il couvre une superficie de 6200Km². C'est un vaste quadrilatère des hauts plateaux ondulés, bordés à l'Est par la vallée du Noun, au Sud Ouest par la zone d'effondrement de la plaine de Mbo, au Sud Est par dépression de Diboum et au Sud par les cours supérieures de la Makombé. Le pays participe au complexe montagneux de l'Ouest Cameroun. C'est donc un relief varié, dominé par un ensemble de sommets volcaniques d'une altitude moyenne de 1300m et de vallées profondes. Le climat est équatorial. Les précipitations sont abondantes 1800mm/an. Les températures sont modérées et varient entre 20 et 22°.

NB: Il faut préciser à toute fin utile que la région de l'ouest a 13000km², la région bamiléké compte 7 départements avec 6200km², le dernier département à savoir le Noun compte 6800Km²

CHAPITRE II : UNE ENFANCE COMME UNE AUTRE

Elle vient au monde sans doute en 1943 à Baham à l'Ouest du Cameroun. Il y a un sérieux paradoxe sur cette année de naissance puisqu'elle correspond aussi à la date de naissance de sa grande sœur directe. Elle a fait ses études à l'aide d'un jugement supplétif. Pendant les longues années que vont durer les luttes armées pour l'indépendance du Cameroun. Et cela particulièrement à l'ouest leur maison familiale suivra l'épreuve du feu et les actes seront incendiés. Précisons tout simplement ici que pendant les périodes qui vont précéder l'indépendance du Cameroun, des groupes armés sévissaient un peu partout dans les provinces de l'ouest, du littoral, du centre sud : Ils se manifestaient par des actes de pillage, de tueries, et cela en bandes organisées.

C'est pendant l'une de leurs exactions que le domicile familial sera incendié avec tout son contenu. Son papa, c'est-à-dire son géniteur s'appelait TEGUIA Samuel, il exerçait le métier de tailleur, il fût le premier tailleur de Baham. C'était un bourgeois moyen. Il était un notable, rang qu'on obtenait automatiquement lorsqu'on était un prince. Il était de la lignée royale puisque sa maman sortait de la chefferie Baham. Elle était la fille du chef supérieur. Etre tailleur en ce temps là n'était simplement pas commun. Il avait appris sa couture chez les blancs à Bafang. De nos jours encore ceux qui exercent le métier de tailleur ne sont pas ordinaires puisqu'on apprend la couture dans de grandes écoles.

Tout notable devait avoir plusieurs épouses, mais il eut une seule femme. Il était un chrétien protestant de l'église évangélique de Baham.

Il était chrétien pratiquant parce qu'il est resté toute sa vie monogame et surtout parce que de son vivant il allait régulièrement au culte. Ayant été formé en couture chez les blancs, c'est certainement dans cette environnement qu'il est devenu chrétien. C'est encore lui qui emmènera sa jeune épouse dans le christianisme.

C'était un mari attentif et dévoué à sa famille. Le couple fera pendant sa courte existence terrestre commune sept (07) enfants soit 6 filles et un garçon. Le garçon qui était aussi le troisième né de la famille va mourir en bas âge. Précisons ici et nous y reviendrons assez souvent que la jeune Justine était l'avant dernière née de la famille.

Son papa est mort sans doute précocement dans les années 1948. Pourquoi en 1948, parce que la jeune fille devait être toute petite, elle n'a pas pu voir le corps de son papa, or en ce temps là tout comme aujourd'hui les petits enfants ne voient pas les cadavres. Elle n'avait pas vu le corps de son défunt papa. Il était de son vivant un homme très travailleur et grand de taille.

Par contre Maman KAMAYA Rébecca qui est morte tout récemment en 2010 à 105 ans aura vécu plus de la moitié de sa vie seule, elle aurait pu convoler en juste noce avec un nouveau homme.

Mais chrétienne dévoué et ayant aimée son mari toute sa vie, elle a préféré rester fidèle à sa mémoire. Elle fût la première femme à faire les beignets à Baham. Les beignets de farine étaient comme le pain aujourd'hui, elle a exercé ce métier pendant toute sa vie active ; il fallait y ajouter les travaux champêtres qui étaient exercés par toutes les femmes. C'était une grande femme, de taille moyenne, très généreuse et surtout très aimée à Baham. Elle fût trésorière de l'église évangélique de Baham pendant plus de 40 ans. De part son caractère ouvert, sa générosité, sa très grande expérience de la vie et surtout sa très grande intelligence, elle était devenue une personne ressource incontournable dans le village, chacun venait se ressourcer dans ses sages conseils.

Elle a bien élevé ses filles avec toutes les difficultés que chacun sait quand il faut élever des filles toute seule, sa rigueur dans l'éducation de ses filles a été très importante dans leur réussite.

CHAPITRE III : LA VIE SCOLAIRE

La petite Justine partira de Baham en bas âge, 4 ans par là en compagnie de sa sœur ainée qui s'était mariée à Dschang. C'est là-bas qu'elle fait ses premiers pas d'école. Sa sœur ainée est l'épouse d'un infirmier Chef en la personne de Monsieur SOPNGUI, en ce temps là en raison de leur rareté, l'infirmier Chef jouait le rôle de médecin Chef d'Hôpitaux d'aujourd'hui. Et la grande sœur se nommait Madame SOPNGUI Pauline. Elle vit encore et se porte très bien malgré quelque petits malaises dus à l'âgé. Son mari est décédé, il y a une dizaine d'années.

Elle bénéficiera d'un suivi méticuleux à la maison et à l'école depuis les cours d'initiation jusqu'au CMI. Par la suite, le beau frère est affecté à Betaré Oya. Elle continuera à bénéficier d'une bonne suivie. Les vacances à Baham étaient presque impossibles.

Toute la famille se transporte à l'Est. Si à Dschang elle fréquentait à l'école protestante qui était la plus proche du domicile familiale, par contre à Betaré Oya, elle a fréquenté à l'école publique de la ville, le Directeur s'appelait AKAME Philippe.

Pour nous résumer reprenons les propos de l'intéressée, Elle-même « je suis entrée à l'école de la mission protestante de Dschang à l'âge de 6ans. Bien évidemment il y avait beaucoup d'élèves, la loi du fouet était omniprésente, c'est-à-dire que les maîtres fessaient copieusement les élèves qui ne s'appliquaient pas ou bien qui ne faisaient pas leur devoir. A Dschang dans notre école, il n'y avait pas d'enseignants expatriés. J'ai fait la S.I.L, le C.P, le CEI, le CEII, et le CMI à Dschang.

Ensuite ce fût l'affectation pour Bétaré Oya. On a commencé le CM II là-bas puis nous sommes affectées à Yaoundé. Je n'ai pas pu faire le concours du Lycée Leclerc (qui était le Lycée le plus prestigieux de Yaoundé et même du Cameroun), le séjour de Bétaré Oya ayant été si bref que je n'ai de souvenirs de personne, ni des élèves, ni des maîtres. Cependant je me souviens tout de même du Directeur de l'école publique qui s'appelait AKAME Philippe. Une grande majorité des élèves était des enfants des fonctionnaires. Il n'y avait pas de grandes disparités entre les élèves. Le niveau de vie des élèves était homogène. Le passage aura été bref, mais il reste de cette ville, le souvenir d'une bonne image, d'un bon séjour.

A Yaoundé où la famille est affectée les infirmiers vivaient dans un camp à côté de l'hôpital de Messa où ils exerçaient. J'ai terminé la classe de CM II à l'école publique du plateau à Melen. Nous fûmes les heureux élus au certificat d'étude primaire élémentaire de cette année là.

Pendant notre séjour à Bétaré Oya et à Yaoundé, les luttes armées et les guerres de l'indépen- dance ont commencé à l'ouest et se sont par la suite intensifiées un peu partout au Cameroun.

C'est pendant cette crise politique que notre domicile familiale a été incendié et les originaux de nos actes de naissance c'est-à-dire ceux de mes grandes sœurs et le miens seront brûlés par les maquisards. C'est à l'aide du jugement supplétif que j'ai dû poursuivre mes études.

Le séjour de l'école publique du plateau Melen de Yaoundé a été si bref que j'ai n'ai même pas de souvenirs de certains élèves qui auraient émergé de façon particulier dans la vie. Et Dieu sait ô combien il doit bien en avoir (NDLR : Elle-même étant une preuve réelle de réussite) ». En définitive de son enfance, elle garde très peu de souvenirs de sa maman même comme elle était avant dernière née et devait par conséquent bénéficier comme cela a cours dans toutes les familles des sentiments et de largesses préférentielles. Elle quittera sa maman en très bas âge. Pendant tout son circuit primaire elle sera toujours parmi les meilleurs élèves ; très bien suivie à l'école, elle le sera davantage à la maison. (NDLR : tous ceux qui ont connu Monsieur SOPNGUI de son vivant, savent qu'il était très rigoureux dans l'éducation de ses enfants tout comme de tous ceux qui vivaient chez lui. Son rayonnement éducatif ne se limitait pas seulement au suivi scolaire, mais se poursuivait sur le plan social et religieux des jeunes qui séjournaient chez lui pour les besoins scolaires. Il y a eu comme cela des milliers d'enfants qui sont passés dans sa moule éducationnelle. Et comme toute bonne culture produit des bons fruits, tout le monde a réussi même ses propres enfants qui ont tous fait l'enseignement supérieur et sont tous stabilisés affectivement ; ils sont tous mariés et exercent chacun une profession.

CHAPITRE IV : LE COLLEGE

Elle entre en 6 ème au collège Montesquieu et cela jusqu'en classe de 3 ème . Il s'en suivra le Brevet, ensuite elle obtiendra le probatoire et surtout le CAPIEN (Certificat d'Aptitude à la Profession d'Instituteur de l'Enseignement) par enseignement à distance.

C'est ici que se pose un véritable problème : l'écolière et l'élève parfaite va au courant de sa vie scolaire gérer un problème complexe : le mariage avec tous les problèmes liés à cet état. Et puis s'en suivra une série ininterrompue de maternité : être la femme au foyer, poursuivre ses études et surtout élever les enfants et s'occuper de son mari ne sera pas une tâche aisée.

Mais n'étant pas habituées à la facilité, elle tient absolument à réussir ; aux cours du jour, elle ajoutera les cours par correspondance pour l'obtention du CAPIEN (Certificat d'Aptitude à la Profession d'Instituteur de l'Enseignement).

CHAPITRE V : LE MARIAGE

Le mariage est célébré en 1962 à Messa à Yaoundé, le mari est un jeune cadre d'Administration diplômé de l'école nationale d'administration de Yaoundé, il se nomme Joseph NKONTCHOU, il est originaire de Baham comme son épouse. C'est un mariage d'amour. Le facteur tribaliste n'a pas été mis en exergue. Ils se sont rencontrés, les sentiments et Dieu ont fait le reste ; De cet union verront le jour 7 enfants soit 3 filles et 4 garçons. Il y aura une alternance entre les sexes des enfants :

- 1 er Garçon
- 2 ème Fille
- 3 ème Garçon
- 4 ème Fille
- 5 ème Garçon
- 6 ème Fille
- 7 ème Garçon

Il n'existe pas de plus grande grâce que d'alterner ainsi les sexes des enfants. C'est le rêve de chaque couple. Lorsqu'on réussit ce pari on remercie le bon Dieu pour tout son amour. Il n'existe pas meilleure façon à notre Seigneur Jésus Christ de prouver son amour à ceux qu'il aime.

Ou début du mariage, le jeune couple est allé s'installer au quartier Madagascar à Yaoundé dans ce quartier viendront au monde le 1 er , la 2 ème , le 3 ème et la 4 ème . Ensuite le couple est allé vivre au quartier NLongkak camp sic (Bastos) là-bas viendront au monde 3 enfants (deux garçons et une fille).

CHAPITRE VI : LA FAMILLE

Aujourd'hui Monsieur Joseph NKONTCHOU est cadre retraité de l'administration et épaule sa brillante épouse de temps en temps dans sa mission socio éducative. Les enfants eux sont allés vraiment loin, aussi loin que le voulait leurs parents sinon un peu plus loin d'ailleurs. Là aussi c'est une autre grâce du Seigneur Jésus-Christ, mais aussi d'un travail assidu et passionné des parents.

C'est sur les enfants en effet qu'on applique les principes éducationnels qu'on a enseigné à d'autres et dont on en a fait un métier :

• Le premier Alain NKONTCHOU est Vice-manager d'une chaine Bancaire Internationale : la Chemical Bank. Il fût pendant 10 ans, le plus jeune haut Cadre de Banque Africain en Europe. La Chemical est basée à Londres.

Il est le père de trois enfants, son épouse est une avocate internationale, elle est de nationalité nigériane et son propre père géniteur a été longtemps Ministre des Finances de la République Fédérale du Nigéria.

• La deuxième Gisèle NKONTCHOU est mariée et elle est mère de deux enfants, elle exerce la profession de gastro-entérologue. Elle est chef de clinique à Paris.

• Le troisième Cyrile NKONTCHOU est exécutive officer (Directeur Général) en Afrique du Sud, il est docteur en économie, (Diplômé de la Havard) son travail consiste à restructurer les sociétés en liquidation et à les revendre. En un mot il remet sur pied les sociétés qui ont des difficultés et il les place.

• La quatrième Caline NKONTCHOU est Avocate Internationale c'est-à-dire avocat d'affaires (business) elle vit en France et au Cameroun. Mais seulement elle est trop sollicitée sur le plan professionnel, elle voyage régulièrement au gré de ses activités.

• Le cinquième William NKONTCHOU travaille à la bourse de Londres, Paris et Wall-street (U.S.A).

• La sixième Mireille NKONTCHOU travaille à la banque à Londres.

• Le septième Stéphane NKONTCHOU le dernier est Ingénieur de conception en Génie Mécanique.

Tous ces enfants sont nés à Yaoundé et ont suivi leur parcours scolaire et universitaire tour à tour à Yaoundé et en suite à Paris.

CHAPIRE VII : UN PARCOURS DIPLOMATIQUE

Le séjour à l'ambassade du Cameroun à Paris A la faveur d'un décret gouvernemental, le jeune couple est affecté en France. Le mari est en effet, nommé à l'ambassade du Cameroun à Paris c'est le départ de toute la famille c'est-à-dire du mari, de la femme et des 7 enfants.

« J'ai eu tous mes enfants à Yaoundé avant de me rendre à Paris. C'est en France que j'ai achevé ma formation pédagogique. Les enfants n'ont pas eu de difficultés quand à leur adaptation. Avant d'aller à Paris, j'étais institutrice principale au Cameroun. En France, j'ai eu le très sélectif concours d'entrée à l'Ecole Normale Supérieure de Saint Cloud qui forme les Inspecteurs des Ecoles. Cette école était la plus grande école d'enseignement professionnel de France. J'ai fait beaucoup de stages dans beaucoup d'arrondissements en France. Je n'ai pas pu travailler à Paris parce qu'il est strictement interdit aux femmes de diplomates de travailler dans les pays d'accueil. La bonne qualité de mon travail emmenait toujours les responsables des structures éducationnelles à avoir besoin de mes services comme stagiaire.

CHAPITRE VIII : LE RETOUR AU PAYS NATAL

Une fois la mission diplomatique achevée, le mari retourne au Ministère des Finances du Cameroun, pendant que Madame retourne à l'Education Nationale.

« Avant de me rendre en France, je travaillais à l'Education Nationale du Cameroun, à mon retour, j'ai repris mon travail au même Ministère comme adjointe au chef de service de l'enseignement maternelle avec en prime une grande promotion. Celle d'Inspectrice des écoles primaires et maternelles. J'ai servi à l'éducation nationale du Cameroun pendant 26 ans (vingt six ans). C'est nous qui avions mis sur pied le programme des enseignements maternels au Cameroun.

Mon retour au pays était d'autant plus important puis que je suis l'homonyme de ma grande mère maternelle, aussi maman était encore en vie, il y avait la fibre sentimentale. Il arrivait de fois que ma mère m'appelle maman. Je ne pouvais pas rester en France à cause des grandes responsabilités familiales, sociales, et professionnelles qui m'attendaient au Cameroun.

En définitive ayant passés 26 ans à prêcher dans les différentes programmes d'enseignements ce qu'il fallait faire et ce qu'il ne fallait pas faire, il fallait passer à une étape supérieure en ouvrant ma propre institution scolaire. Il était question pour moi de mettre en application, ce que j'avais prêché pendant toutes ses années. L'école est née en 1996 à Nlongkak (quartier nylon), après 4 années, j'ai déménagé pour l'emplacement actuel en raison de l'étroitesse des lieux, c'était en 2000. Tous les ans, il y a des enseignants retraités européens qui viennent séjourner ici et nous aider dans nos travaux. J'ai commencé par l'école maternelle et primaire et le collège a suivi en 2005. Le premier cycle a été mis sur pied pendant la première année, le second cycle est arrivé la deuxième année.

Au jour d'aujourd'hui, le bilan est largement satisfaisant. Nous recevons régulièrement les félicitations du Ministre de l'Education de Base ainsi que celles du ministre des Enseignements Secondaires. Nous avons mis sur pied il y a de cela quelques années une école normale des Instituteurs de l'Enseignement Général qui fonctionne avec excellence.

Nos enseignants sont régulièrement affectés au niveau du Ministère pour apporter leurs contributions par rapport à tout ce qui se rapporte à une plus grande efficacité de l'éducation nationale au Cameroun.

En dehors des membres du gouvernement qui nous envoient leurs enfants, il y a aussi les diplomates qui nous font confiance, ainsi que les opérateurs économiques et les expatriés africains, occidentaux et asiatiques.

CHAPITRE IX : DES QUESTIONS ET DES REPONSES

Question: Comment sont recrutés les enseignants aussi bien au Collège, qu'à l'école primaire et à l'Ecole normale des Instituteurs ?

Réponse: Il y a une commission objective et très professionnelle qui s'occupe du recrutement des enseignants, qui ressortent de toutes les régions du Cameroun. Quand on poursuit des résultats positifs on ne devrait pas être régionaliste encore moins tribaliste.

Question: Etes vous une reine dans votre village c'est-à-dire à Baham ?

Réponse: Les différents chefs Baham qui m'ont connu et qui se sont succédé à la chefferie m'ont proposé de devenir une reine. Je n'ai pas voulu. A la fin ils m'ont intronisé à leur façon et ils m'appellent « Mafo ».

Question: Quels étaient vos rapports avec les professionnels de l'éducation en France ?

Réponse: J'ai eu de très bons rapports avec des professionnels de l'éducation en France, la preuve, j'ai fait des stages dans plusieurs arrondissements en France. En effet, j'étais très sollicitée en raison de mon dévouement et de mon bon travail.

Question: Vous auriez pu ne pas retourner au Cameroun ?

Réponse: J'étais l'épouse d'un diplomate, j'avais mon travail au Cameroun et j'étais au delà de l'épouse la mère de plusieurs enfants.

Question: La France vous a-t-elle changé comme elle change d'autres ?

Réponse: La France change ceux qui veulent se changer et ceux qui changent sont ceux qui n'ont pas confiance en eux mêmes.

Question: Certains à leur retour d'Europe étaient trop orgueilleux et avaient tendance à minimiser les autres.

Réponse: Il s'agit tout simplement d'une question d'éducation.

Question: Pendant combien d'années maman KAMAYA Rebecca fût elle trésorière de l'église évangélique à Baham ?

Réponse : Elle l'a été pendant près de 40 ans.

Question: Pendant combien d'années a-t-elle fait les beignets ?

Réponse: Déjà qu'elle fût la première à faire les beignets à Baham et elle a exercé ce métier jusqu'à la fatigue. Elle fût aussi pendant longtemps ancienne d'église.

Question: Quelques souvenirs de papa ?

Réponse: Il était grand de taille ; très brun ; à sa mort on a éloigné les petits enfants, que nous étions du corps, puisque chez nous on interdit d'approcher les petits enfants des cadavres.

Question: A quand l'Université « La Gaieté » ?

Réponse: Nous n'envisageons pas l'université à « la gaieté » du moins pas tout de suite.

Question: Y a-t-il une association des anciens élèves ?

Réponse: On est entrain de créer une association des anciens élèves de « la gaieté ».

Question: Est-ce qu'on octroie des bourses aux meilleurs élèves à « la Gaieté » ?

Réponse: L'administration de la « gaieté » donne des bourses aux meilleurs élèves du secondaire et du primaire.

Question: Le corps diplomatique rend-il souvent visite à votre institution ?

Réponse: Ils viennent de temps en temps. Et beaucoup de diplômâtes ont leurs enfants inscrits à "la Gaetés" tant dans le primaire que dans le secondaire.

Question: Existe-il des interventions pour ceux des élèves qui échouent au concours d'entrée à la gaieté ?

Réponse: Quelques soit l'intervention, quand un enfant ne passe pas le concours il n'est pas recruté comme élève.

Question: Quels sont vos objectifs à court terme à la gaieté ?

Réponse: Les objectifs à court terme à « La Gaieté » sont les aires de jeux que nous sommes entrain de réaliser en ce moment.

Question : Croyez-vous au destin ?

Réponse: Dieu envoie tout le monde avec sa grâce et il revient à chacun de savoir la développer. Je crois en Dieu et non au Destin. Dieu fait de ce qu'il a crée ce qu'il veut, tout le moment est sous sa protection et c'est lui qui élève et qui rabaisse.

Question: Si le Seigneur Jésus Christ vous apparaissait que lui demanderiez-vous ?

Réponse: Je lui demanderais la santé et aussi d'être scotché permanemment au Saint Esprit.

Question: Etes vous satisfaite de votre parcours, et s'il fallait recommencer accepteriez vous si possible de faire le même parcours ?

Réponse: Je suis satisfaite de mon parcours et je ne regrette rien.

Question: Qu'est ce que vous ressentez lorsqu'une femme et surtout vous par exemple soit pratiquement au dessus d'une centaine d'hommes et surtout, que chacun doit s'en remettre à vous quant à son programme de travail et autres ?

Réponse: On ne fonctionne pas pour dépasser qui que ce soit. On ne travaille pas pour être au dessus des autres que ce soit un homme ou une femme. On travaille pour atteindre des objectifs. En tout cas quand on croit dépasser quelqu'un à gauche il vous surpasse à droite. On ne devrait pas voir dans certaines attitudes involontaires une marque de mépris ou d'orgueil.

Question: Depuis combien d'années existe-il l'Ecole Normale des Instituteurs à « La Gaieté » ?

Réponse: L'Ecole Normale des Instituteurs de l'Enseignement Général fonctionne en module "cours de soir". Elle existe depuis qu'on est sur cet emplacement, c'est-à-dire en l'an 2000.

Question: Quel est l'effectif moyen du personnel enseignant et du personnel administratif ?

Réponse: Il y a en moyenne 150 professeurs et maîtres chaque année non compris le personnel de sécurité et de propreté.

Question: Quel est le message que vous donnez assez souvent au personnel enseignant ?

Réponse: Je dis régulièrement aux maîtres et aux professeurs QUE LE DESORDRE EST COLLECTIF, MAIS QUE LA SANCTION EST INDIVIDUELLE, jusqu'à ce jour, le collège rempli toutes ses obligations envers eux et tient tous ses engagements vis-à-vis d'eux. Il leur revient également de remplir le leurs.

Question: Quel est le message que vous donnez aux élèves ?

Réponse: Le message que je donne aux élèves est d'apprendre. Ils ont un puissant ordinateur qui est leur cerveau, qu'ils étudient. Dieu a donné le talent à tout le monde, il suffit de le développer.

Question: Votre journée type ?

Réponse: A pâque par exemple, je me réveille à 5heures du matin pour aller à l'église et accompagner le seigneur dans sa pénitence, ensuite on est au travail jusqu'à la sortie à 16heures.

Question: Est-ce qu'il y a un culte solennel à la veille de chaque rentrée ?

Réponse: Il y a un culte solennel chaque rentrée, présidé par le corps autorisé.

Question: Faites-vous parti du Comité de Développement Baham ?

Réponse: Je suis membre du Comité de Développement Baham. A notre actif en dehors de la réalisation de plusieurs travaux Communautaires, nous avons construit l'église protestante de Kafo qui fût l'église de ma mère pendant toute sa vie. Nous sommes entrain d'y construire un centre scolaire qui ouvrira ses portes à la rentrée prochaine.

Question: Où aviez vous vu le plan de réalisation de votre institution scolaire ? en Europe, en Amérique ou dans un cabinet d'architecture ?

Réponse: Ce plan a été pensé et réalisé par moi-même, je n'ai vu de prototype nulle part aussi bien en Afrique, qu'en Europe et même en Amérique. Encore moins dans un quelconque cabinet d'architecture.

Question: Compte tenu de vos prouesses n'envisagiez vous pas une possibilité de délocalisation ?

Réponse: On m'en a fait la proposition pour la côte d'Ivoire, mais pour le moment cela ne m'intéresse vraiment pas.

CHAPITRE X : LA VIE A L'EGLISE

Pendant plusieurs décennies Madame Justine NKONTCHOU fût Conseillère paroissiale. Depuis 2009, elle exerce la noble mission d'ancienne d'église.

Par ailleurs, elle est une membre fondatrice de la chorale écho céleste.

La distraction de préférence

La pratique de la natation reste sa distraction et son sport préféré.

Les voyages et les congés annuels

Elle va en Europe plusieurs fois par an, et dans d'autres continents du monde pour rendre visite aux enfants et aussi pour les besoins de travail.

CONCLUSION

Lorsqu'on a le génie, le dévouement, la clairvoyance, la détermination, l'ardeur, et la vision d'une femme de cette stature on ne saurait faire une conclusion. Lorsqu'on s'apprête à l'acclamer après un objectif atteint et réussi elle est déjà à l'assaut d'autres défis.

Le groupe scolaire primaire et secondaire a un plan futuriste. C'est l'une des plus belles Institutions d'Enseignement de toute la ville de Yaoundé, elle est décorée avec des briquettes de terre cuite, en réalité pourquoi ces briquettes ? Les briquettes sont avantageuses sur le plan de l'esthétique, de la durabilité, du coût et de l'échange thermique.

La discipline y est de mise lorsque vous passez à une certaine heure de la journée, vous avez l'impression que vous avez à faire à des appartements d'habitation de haut standing. Alors qu'à l'intérieur de ces murs des milliers d'élèves de plusieurs nationalités et de plusieurs races (blanche, noire, jaune) s'appliquent sous l'œil averti et attentif de leurs encadreurs.

Pour notre petite part l'idéal serait que chacun y fasse un tour un de ces jours du côté de la nouvelle route bastos au niveau de l'échangeur.

Le groupe scolaire international « La Gaieté » est la seule institution à Yaoundé disposant d'un important foyer culturel, d'une piscine.

Un penseur disait que lorsqu'on élève les enfants, il ne faut pas faire de discrimination sexuelle pour ce qui est de leur éducation scolaire et même qu'il faut être plus regardant sur les filles que sur les garçons, l'homme pourra fouiller les ordures, creuser les puits, alors que la femme ne le pourra pas. Ce qui fait qu'il faut sanctionner au double la jeune fille par rapport au jeune garçon.

Madame DJODJI Justine épouse de Monsieur Joseph NKONTCHOU est une preuve et une manifestation vivante d'une réussite entrepreneuriale au féminin.

Nous ne saurons clôturer sans remercier tous ceux et toutes celles qui par leur silence, leurs actes, leur prière contribuent de près ou de loin à la réussite de cet empire éducatif.

C'est le lieu pour nous de dire, que de part son sens aigüe du discernement. Mme la Fondatrice est membre du conseil d'administration de plusieurs entreprises de la place.

FIN PREMIERE PARTIE

Printed by Books on Demand GmbH, Norderstedt / Germany